빈 의자

빈 의자

정춘자 시집

그루

시인의 말

노년의 노을 앞에서 마음을 가다듬어 봅니다
사랑할 날이 얼마나 남아 있는지는 아무도 알지 못합니다
조금은 부끄러운 마음으로 용기를 내어 봅니다
곧 잊힐 귀중한 옛 물건들이나 옛일들을
제 시를 읽는 이들이 오래 기억해 주기를 바랍니다

2025년 봄날
정 춘 자

차례

시인의 말 5

1부
할머니의 조각보

할머니의 조각보 12 / 실감기 14
지팡이 16 / 졸업장 18 / 놋세숫대야 20
놋화로 22 / 부지깽이 24 / 긴 대나무 담뱃대 26
어머니의 보따리 28 / 아카시아꽃은 피었는데 30
소고기뭇국 32 / 몽당빗자루 33 / 은수저의 독백 34
청계천을 거닐다 36 / 절구질하는 여인 38 / 청와대 40
신문 42 / 물동이를 인 여인 44

2부
목련꽃 한 송이 지다

목련꽃 한 송이 지다 46 / 하늘이시여! 48

개가 짖는다 50 / 부끄러움 51 / 낙엽 52

겨울 빈 밭 54 / 마곡사 56 / 청령포를 다녀온 날 58

기다림의 시간 60 / 꽃나무를 심는 마음 62 / 행복한 집 64

철조망을 사이에 둔 작별 인사 66 / 거울 68

등대의 기도 70 / 탯줄 72 / 우크라이나 전쟁을 보며 74

세탁소 76 / 가슴에 사람을 들이지 말라 78

3부
금강송

금강송 80 / 선글라스의 충고 82 / 빈 의자 84

덧셈, 뺄셈 85 / 찻집 아가씨의 손톱 86 / 위탁모의 눈물 88

부모 뽑기 게임 90 / 멍때리는 세상 92 / 꽃들아! 94

밥 한번 먹자 95 / 친구가 하늘로 갔다네 96 / 임산부 배려 좌석 98

아버지는 위대하시다 100 / 저출산국의 현실 102

어쩌다 이런 세상이 104 / 벽에 박힌 못 105 / 부음 106

전화번호를 지우다 108 / 욕심 110

4부
당신은 뒤에도 넥타이를 매는가

당신은 뒤에도 넥타이를 매는가 112 / 늦가을 113
꽃이 진 뒤에 114 / 백일홍 116 / 탈북 소년의 눈물 118
사진 한 장 120 / 텃밭 122 / 배꽃 핀 날 아침에 124
그믐달 125 / 해녀 126 / 우체통 128 / 10초의 순간 130
아버지 팔순 잔치는 누가 하라고 132 / 굳은살 134 / 그리움 135
내 안에 함께하는 당신 136 / 당신을 만나러 가는 날 137
하늘에 띄우는 편지 138 / 전하지 못한 말 140

해설
노경老境의 지혜_김동원 142

1부
할머니의 조각보

할머니의 조각보

긴 겨울밤 잠은 오지 않는데
영감은 작은댁 무릎을 베고
밤이 깊어도 돌아오지 않네

반짇고리에 담겨 있는
헝겊 몇 조각, 실패, 바늘, 가위
긴긴 겨울밤 할머니 친구가 된다
각기 다른 헝겊 한 조각 한 조각
짝을 맞추어 꿰맨다

한 조각 꿰매고 한숨 한 번
두 조각 꿰매고 눈물 한 방울
한 땀 한 땀 꿰맬 때마다
외로움과 한스러움도 함께 꿰맨다

졸다가 바늘에 손가락 찔러
붉은 피가 방울방울 솟는다
한스러운 마음도 피처럼 붉어진다

오지 않는 영감을 기다리다

긴긴 밤을 지나 첫닭이 울고
타는 가슴은 검은 숯덩이 된다

실감기

딸아이 시집보낼 때
굵은 실 한 타래 실패에 감아
반짇고리에 넣어 주었더니
십 년 세월이 흐른 뒤 쓸 일 없다고 되돌아왔다

이불 홑청도 꿰매지 않고
바늘과 실도 예전처럼 필요치 않은
편한 세상이 되었다

두 팔에 실타래 걸어 놓고
어머니와 마주앉아 실패에 실을 감다가
잠시 딴생각에 실타래 놓치면
금방 엉켜 버리지

엉킨 실타래 풀어내어
두 팔에 걸어 주시며
두 눈에 나를 가득 담고 웃으시던 어머니
다시 마주앉아 실 한 번 감아 봤으면

엉켜 버린 실타래 정성스레 풀어내듯

힘든 고비 닥칠 때마다
네 탓 내 탓 시비하지 말고
서로 마주보고 앉아
꼬인 실타래 지혜롭게 풀어내야지

지팡이

햇살이 고운 가을날 뜨겁던 열정이 식어
이유 없이 쓸쓸해지는 마음
낙엽이 뒹구는 길을 시린 가슴 다독이며
지팡이에 의지하고 걸어간다

계절의 끝자락을 붙잡고 안간힘을 쓴다
미련 없이 자신을 내려놓고
자유롭게 날아가는 단풍잎들을 보면서
자유로운 영혼이 되어
망설임 없이 바람을 따라 걸어간다

은발의 머리 위로
곱게 물든 단풍잎들이 내려앉으며
돌아오는 가을에도 만나자고
달콤한 말을 건네며 유혹을 한다

돌아오는 가을에도 지팡이 친구 삼아
아름다운 이 길을 다시 걸어 볼 수 있을까
약속은 꼭 지켜야 하기에
다시 만나자는 약속은 할 수 없구나

나는 누구에게
지팡이 같은
믿음직스러운 친구가 되어 준 적이 있었던가

졸업장

폐지를 모으는 쓰레기통에
한쪽 귀퉁이가 찢어지고
낡고 빛바랜 종이 한 장이 펄럭인다
육십 년 전 대학교 졸업장이다

너 하나를 갖기 위해
주인은 얼마나 땀을 흘렸을까?
부모님 등골은 얼마나 휘었을까?

무게도 없는 너 하나를
한평생 등에 업고
주인은
얼마나 열심히 뛰었을까?

어렵게 맺은 인연의 끈에 묶여
좋은 일도 싫은 일도 한생을 함께하며
한눈도 팔지 않고 언제나 함께했지

살아생전 잠시도 놓아주지 않더니
함께 가지 못하고 혼자 떠났구나

이제 해방이 되었으니
네 마음대로 살아 보아라

주인만 따라다니다 혼자 남고 보니
어디로 가야 할지 몰라
이리저리 헤매는구나

놋세숫대야

고물 장수가 돈 많이 준다고 팔라고 하는데
추억과 사랑과
세월이 너무 많이 담겨 있어
마음 아파 차마 팔지 못했지

어머니 돌아가시고 데리고 온 놋세숫대야
식구들에게 사랑받지 못하고
집 안에서 푸대접만 받는구나

옛적
부잣집 안방에서
갓 시집온 새색시가 어린 새신랑
가슴에 안고 얼굴을 씻겨 주며
애틋한 사랑을 듬뿍 담았었지

달 밝은 밤
우물가에서 물 가득 담아
홀로 밤을 지새울 때는
달도 별도 와서 사랑을 속삭여 주었지

놋세숫대야는 밤마다
달도 별도 함께 놀고 싶다고
아파트 베란다에서 외롭다고
볼멘소리로 투정을 부린다

놋화로

활활 타는 장작 숯불 가득 담아
부잣집 안방 한가운데 자리하고
식구들 사랑을 독차지하며
한겨울 언 가슴 녹여 주고
뜨거운 사랑의 불꽃을 피웠지

뒷뜰 대숲에 겨울바람이 이는 밤
활활 타는 놋화롯불 앞에 놓고
가슴속에 묻어 두었던
젊은 날 추억 한 가닥 불러내어
사랑하는 여인의 두 손을 마주잡고
점잖은 양반도 불꽃같은 사랑을 꽃피우는 밤

긴긴 겨울밤 그토록 뜨겁던 놋화롯불
세월이 흐르고 흘러
차디차게 식어 할 일을 잃고 보니
황홀하게 사랑이 익어 가던 그 밤을
다시 한 번 꿈꾸고 싶구나!

불 꺼진 놋화로는 세월에 밀려

아무도 찾지 않는 냉대를 받으며
그토록 사랑받던 옛날이 그리워
외로움 삼키며 꺼이꺼이 속울음 운다

부지깽이*

어릴 적 눈길 걸어 외갓집 가면
외할머니 버선발로 반기시고
아궁이에 장작불 활활 타올라
솜이불 깔아 놓은 아랫목은
한겨울에도 뜨끈뜨끈한 딴 세상이었지

긴긴 밤 외할머니 이야기는
삶의 어려움도 거짓도 없고
따뜻한 사랑만 안겨 주시던
때묻지 않은 순백의 날들이었지

아궁이에 부지깽이로
국수꼬리 구워 먹고
감자도 구워 먹던 그 맛
지금도 입 안에서 군침이 돈다

염치도 모르고 아집과 이기만 뒤엉켜
불꽃이 춤추는 아궁이 같은 세상
양심도 없는 지성인들은
부처님 얼굴을 하고 헛소리를 쏟아 낸다

잘난 체하지 않고 묵묵히 제 몸을 태워
아궁이 속 땔감을 정리하고
꺼지는 불씨를 살려 주고
활활 타오르는 장작불을 다독여 주는 부지깽이

우직한
부지깽이 같은 사람 만나고 싶구나

*아궁이 속 불을 땔 때에 불을 헤치거나 끌어내거나 거두어 넣는 데 쓰이는 긴 막대기

긴 대나무 담뱃대

옛적 양반댁 사랑방에서
고뇌스런 마음 달랠 길 없어
담배 한 모금 깊이 빨아들였다가
삭인 고뇌를 연기로 뿜어내고
놋쇠 재떨이에 땅땅 두드리며
양반 위엄을 뽐냈지

중년 과부 밤마다 까맣게 타는 외로움
혼자서 달랠 길 없어
긴 담뱃대 물고 외로움 한 모금 빨아들이고
서러운 마음을 연기로 토해내면
겨울밤 문풍지도 함께 울었지

긴 담뱃대 물고
고뇌의 한숨과 외로움을 토해 내다 보면
어느새 창문이 밝아 오고
새벽닭 울음소리 들리는구나

긴 대나무 담뱃대는
할아버지 할머니들의 사랑 받으며

한생을 함께 울고 웃었는데
세월에 밀려 옛 물건으로 남아
박물관 진열대에 누워 있구나

어머니의 보따리

나 어릴 적
친구들과 골목을 뛰놀다 들어오면
외할머니 보따리 이고 오셨다

보따리 풀어놓으면
갓 짠 참기름, 반찬, 알밤 등
외할머니의 사랑과 고단함이 함께 들어 있다

내가 시집와서
친정어머니 보따리 이고 들고 오셨다
보따리 풀 때마다 가슴이 먹먹해서
아무 말도 하지 못했다

봄날에는 메주 이고 와서
된장 담아 주시고
가을에는 양념 이고 와서
무, 배추 사서 김장 담아 주시더니
딸자식 걱정되어 어찌 하늘나라 가시었소

어머니 보고 싶을 때마다 하늘을 쳐다보며

어머니! 하고 불러 보면
부디 잘 살라고 환하게 웃으시며
거듭 당부하신다

아카시아꽃은 피었는데

아카시아꽃 따먹으며
허기를 견디던
어머니와 누이는 저 세상 가고 없는데

어쩌라고
아카시아꽃은 천지에 향기를 날리며
저리도 활짝 피었느냐
너의 향기에 달려갈 이들도 없는데

부모님들 찬밥 물에 말아
된장에 풋고추 찍어 먹으며
새벽별 보고 소 몰고 논밭 갈아
배부르게 쌀밥 먹는 오늘이 온 것이다

자식들 대학 공부시켜 장가들여 놓았건만
며느리에게 따뜻한 밥상 한번 받아 보지 못하고
애완견도 배부른 세상이 되었는데
마지막 가는 길은 요양병원 신세구나

아무도 찾는 이 없는데

눈부시게 저녁노을이 창문을 두드리고
창밖에 아카시아가 흐드러지게 피어서
옛날이 그립다고 나를 부르는구나

소고기뭇국

어릴 적
명절이나 귀한 손님 오시는 날에
소고기뭇국 먹을 수 있었다

어찌 그리도 가난한 세월이었는지
지금 젊은이들은
예부터 소고기 잘 먹고 잘살던 나라인 줄 알겠지

자식들 소고기 한 점 더 먹이려고
어머니 국그릇은 고기 한 점 없는
식어버린 국물에 무 몇 조각뿐

소고기 많이 든 뭇국 한 그릇 마주하는 날이면
여러 남매 자식들 키우시느라
날마다 허기를 참으시던
서럽던 어머니들의 세월이 떠올라
국물 한술 넘겨도 목이 메인다

식어버린 소고기 뭇국에는
어머니들의 눈물과 사랑이 가득 담겨 있다

몽당빗자루

날마다 집 안 구석구석을 쓸어
먼지 한 점 없는 집 안에 살면서도
누구 덕인지 생각 한번 안 해 봤는데

어느 날 보니 빗자루 숱이 닳아서
손잡이와 앙상한 뼈대만 남았구나
오랜 세월 고생한 빗자루 덕이었구나

고운 모습으로 시집오신 어머니
한평생 집안 대소사에
자식들 키우느라 세월 가는 줄도 모르셨네

어느 날
하늘을 쳐다보고 앉아 있는 어머니
굽은 허리와 손가락 마디마디가
부어 있구나

한평생 가정을 위해 희생하신
늙고 병들어 볼품없는 어머니
몽당빗자루와 너무도 닮았구나

은수저의 독백

수저통에 은수저 한 벌이
주인을 떠나보내고
밤마다 소리 죽여 흐느낀다

수많은 날들을 두 손 마주잡고
밥과 반찬을 함께 먹으며
따뜻한 이야기 주고받았지

한술 밥에 사랑을 담고
반찬 한 젓가락에 건강을 담아
한생을 함께하며
서로가 행복했는데

붙잡을 시간도 없이
어느 날 갑자기 이별이네
하고픈 이야기 아직 많은데

좋은 인연으로 만나
한생을 탈없이 보냈는데
먼 길 떠나보내고 나니

못다 한 말들이 가슴에 넘치네

인연이 끝났기에 만날 수는 없어도
가끔은
내 생각도 하겠지

청계천을 거닐다

노을이 아름다운 해질녘
딸아이와 손잡고 청계천을 거닐다
사랑을 속삭이는 젊은이들을 보니
잠시 나도 젊은이가 된다

이팝꽃은 눈부시게 피었는데
옛 누이들의 배고프던 시절의
눈물도 함께 피어 있구나

담을 타고 오르는 여린 담쟁이는
지나는 이들에게 희망을 건네주며
손을 흔들고 사랑한다고 소리친다

맑은 물 속에 노니는 물고기들은
고단한 서울살이를 모르는 듯
자유로운 영혼으로 세상사 잊고 있구나

무심히 흐르는 물은
네 편 내 편 가르지 않고
함께 손잡고 노래 부르면

인생은 아름답다고 일러 준다

서울 시민들 모두가
사랑과 희망의 꽃을 피우며
한마음 한뜻이 되어
천년만년 흘러가리라

사진 한 장 남기려 하니
부질없는 일이니 마음속에 담아 가라고
흐르는 물이 일러 준다

절구질하는 여인

등에 업은 아이 배고파 칭얼거려도
마음놓고 젖 한번 물리지 못하고
하루 종일 절구질만 하는 여인

눈물나게 가난했던 세월에
식구들 삼시 세끼 굶기지 않으려
몸뚱이 어느 한 곳 성한 곳이 없어도
한 끼의 배부름도 누리지 못한 채
뼈아프게 가난한 세월을 살았지

등에 업혀 칭얼대던 아이가
나라를 지키는 기둥이 되었고
평생 골병든 어머니 굽은 허리는
가난한 세월을 짊어지고 가는구나

배가 고파 종일 우는 아이에게
먹을 것이 없어 아무것도 주지 못했던 세월
눈물도 말라 버린 어머니들의 세월을
젊은이들은 들어나 보았는가

이런 세월을 이기고
배부른 오늘이 온 것이다

＊이건희 컬렉션 특별전에서 박수근 작품을 만나다

청와대

갈 수 없었던 가깝고도 먼 곳
74년 만에 문이 활짝 열렸다

북악산 큰 품에 안겨
백년 세월을 불평없이 살아온 소나무들은
사철 푸르게 제자리를 지키고
녹지원 넓은 뜰에는 온갖 꽃들이
찾아 주는 이들이 있어 신바람이 난다고
큰 웃음 터트리고 즐거워한다

대통령 집무실의 아름드리 기둥은
긴 세월 얼마나 많은 고뇌를
안으로 삼키며 속병이 깊었을까
때로는 가는 길이 보이지 않아
한밤중에 소리 없는 절규도 했으리라

인수문 두 기둥은 밑부분 칠이 벗겨진 채
흘러간 세월을 말해 주고
방들은 너무 넓어서 정 붙일 구석이 아쉽구나
때로는 외로운 공간이기도 하였겠구나

숲길 따라 계곡물은 즐거운 듯 흐르고
물고기들은 세상사 잊고 노니는데
대통령 내외분 두 손 잡으시고
이 길을 산책하시면
가슴에 따듯한 정도 흘렀으리라

수많은 국민들이 기쁜 마음으로 지신밟기를 하니
모든 액운은 물러가고
천년만년
세계 제일의 문화유산이 되리라

신문

비가 오나 눈이 오나
봄 여름 가을 겨울
어둠을 뚫고
새벽마다 달려와

문 열자
반갑다 두 손 마주잡으며
하루를 일깨워 주고
새로운 소식을 전해 주지

세상사 좋은 일 궂은일
거짓 없이 내게 들려주며
꿈을 찾아 주기도 하고
희망을 찾아 주기도 하지

슬픈 이야기 나눌 때는
너도 울고 나도 울고
기쁜 이야기 나눌 때는
너와 내가 함께 웃었지

한생을 함께하며
어리석은 나를 깨우쳐 주고
우리는 죽는 날까지
헤어질 수 없는 연인

우둔했던 내가
너로 인해 세상을 밝게 볼 수 있는
총명을 얻었고
너는 한평생 나의 스승

물동이를 인 여인

젊은 시절 어머니 반갑게 만났다

저고리 소매 반쯤 걷어올리고
물동이에 물 가득 담아 이고
한 방울도 흘리지 않으려 조심스레 걸으신다

부엌 커다란 물단지에
하루 종일 물을 가득 채우고
식구들 젖줄이 되어 억척스럽게도 사셨지

이 나라의 수많은 어머니들이
물동이로 물 나르던 힘으로
찢어지게 가난했던 세월을 이기고 한강의 기적을 이루었지

물동이에는 이 나라 어머니들의
부지런함과 강인함이 담겨 있고
사랑과 그리움도 함께 담겨 찰랑되며 웃고 있구나

*이건희 컬렉션 특별전에서 윤호중 작품을 만나다

2부
목련꽃 한 송이 지다

목련꽃 한 송이 지다
— 육영수 영부인을 그리며

1974년 8월 15일
조총련 하수인 총탄에
백목련 한 송이 떨어지던 날

온 천지가 진동을 하고
하늘이 무너졌다

어린이와 가난한 이들을
무척이나 사랑하셨던 님
흰쌀밥 배불리 먹는 것이 소원이었던
국민들의 소원 들어주시려
무던히도 애쓰셨던 님

이제 흰쌀밥은 귀하지도 않고
고기도 실컷 먹을 수 있는
잘사는 나라가 되었건만
한번 가신 님은 다시는 못 오시나요

해마다 봄이 오면
백목련 눈부시게 피는데

님은
우리들 가슴속에
"보고 싶습니다" 꽃으로
영원히 피어 있습니다

하늘이시여!

나라가 패싸움을 하니
하늘이 노하여
3월 봄날 꽃핀 가지 위에
폭설이 내리니 온 나라가 아우성이구나

사방에서 거센 파도와 폭풍이 밀려오는데
모두가 정신줄 놓고
방파제 쌓아 막을 자 없으니
이 일을 어찌하리오

가슴속에 꼭꼭 숨겨둔
악마 같은 욕심 가벼이 비워내고
서로의 가슴속에 쌓인 불신들
봄바람에 훨훨 날려 보내세요

더 거센 광풍이 불어오기 전에
정신줄 꽉 붙잡고
예쁜 꽃들이 마음껏 웃을 수 있는
그런 봄날 오게 해 주세요

하늘이시여!
부디 이 나라를 지켜 주세요

개가 짖는다

동네 개 한 마리
심심해서 짖어 본다
영문도 모른 채 온동네 개들이
덩달아 죽어라 짖어댄다

어쩌다 거짓말 한마디 주워들으면
진실인 양 떠들어 댄다
거짓이라 들통이 나도
부끄러움이나 염치도 모르고 떠든다

생각없이 짖어 대는
개를 닮은 인간들이
도처에 우글거린다

세상 인심이 너무 써
못 먹는 쓴 소주라도 한잔 마셔야
오늘 밤 잠들 것 같다

부끄러움

어느 시인이
시금치 뿌리가 붉은 것은
부끄러움을 알기 때문이라고 읊었다
아무도 보지 않는 땅속에서도
부끄러워 뿌리를 붉힌다

밝은 대낮에 얼굴을 드러내고
앞뒤가 맞지 않는 거짓을 외치면서
부끄러움이란 말조차 모르고
얼굴 붉힐 줄 모르는 인간들이
시금치의 붉은 마음을 알까

하늘에 해를 보고 사는 인간들이
땅속의 시금치 뿌리도 안다고 하는
부끄러움을 모르고 살아서야
어찌 사람이라 할 수 있으리요

제발 사람이기를 자처하려거든
부끄러움이란 말 가슴에 담아 두고
가끔씩 얼굴 붉히면서 살았으면

낙엽

낙엽은 떨어지는 것이 아니라
낮은 자세로 자신을 내려놓는 것이다 라고
누군가 일러주네

움켜쥐고 놓지 못하는
인간들을 보면서
낙엽들은
낄낄거리며 얼마나 비웃었을까

푸른 잎들이 마음을 비우고
갈색의 잎으로 다시 태어나
가벼운 마음 가질 수 있기까지
얼마나 애태웠을까

그래도
내려놓지 못하는
추억 하나쯤은 지니고 있겠지

새봄 오면
새잎들에게 자리를 내어 주는 이치를

한생을 살아오면서도
미처 깨닫지 못했구나

겨울 빈 밭

품었던 식구들을 떠나보내고
겨울 빈 밭은
오랜만에 한가롭다

혹독한 추위를 이기려
언 땅을 서로 보듬고
한마음 되어 사랑을 나누는구나

돌아올 새봄을 위해
긴 겨울 혹독한 추위를 참으며
씨앗들을 품어 줄
편안한 보금자리 되어 주려고
넉넉한 품을 준비하는구나

뭇 생명들을 대가 없이 길러내고
온갖 잡초들도 거부하지 않고
모두를 품어 주는 넉넉한 마음

언제 끝날지 모르는 인생길 걸어가며
쉬었다 가는

너희들의 지혜를 닮지 못했구나
모두를 품어 주는 넉넉한 마음도
닮지를 못했구나

마곡사*

김구 선생님 삭발하실 때
떨어지는 상투 보고 눈물 흘리시며
머리를 감으셨다는 냇물은
세월을 잊은 채 그대로 흐르고

마곡사에서 안주하지 못하시고
만주로 달려가 나라의 독립을 위해
일생을 바친 김구 선생님의 흔적인
백범당과 명상길은 변함이 없구나

하루에도 몇 번씩 명상길 거닐며
나라를 구해야겠다는 버거운 생각으로
얼마나 고뇌가 크셨을까

법당의 아름드리 싸리나무 기둥을 안고
세 번 돌고 소원을 빌면
소원성취한다고 여승이 일러주시네
이 나이에 무슨 소원이 있을까마는
자식들의 무병장수를 비는 평범한 어미이구나

여승은 날마다
법당의 기둥을 안고 돌며
무슨 소원을 빌으실까

경건한 마음으로 절 문을 나서는 순간
속세의 무거운 업보를 내려놓지 못하고
고뇌스런 인간으로 돌아오는구나

＊충청남도 공주시 사곡면 운암리 태화산에 위치

청령포*를 다녀온 날

어머니 날 세상에 던져두고
삼일 만에 하늘나라로 가시고
아버지는 내가 원하지도 않은
임금자리 물려주고
열두 살 나를 두고 어머니 따라가시었네

삼촌이 임금자리 탐이 난다고
열두 살 어린 조카를 차마 죽일 수 없어
첩첩산중 강원도 영월 청령포로
귀양살이 보냈네

삼면의 푸른 물결은 누군가를 삼킬 듯이 넘실거리고
남쪽은 아찔한 절벽인데
날마다 눈물 흘리며 하늘만 쳐다보다가
사약을 받아 피지도 못한 열일곱 살
세상을 원망하며 하늘로 날아갔다네

내 나이 팔십이 되어서도
한평생 함께한 부모님이 보고파서
가끔씩

목이 메이고 눈시울 붉어지는데

사약을 받지 않았더라도
부모님 그리워 어이 견딜 수 있었으리요
차라리 평민으로 태어나
부모님 손잡고 한평생 웃으며 살아 볼 것을

청령포를 다녀온 날
가슴이 시려와
밤새 잠들지 못한다

＊강원도 영월군 남면 광천리 산 67-1

기다림의 시간

평범한 일상의 여백인
기다림의 시간이 그립다

친구와 약속, 사랑하는 사람과 약속
서로가 손 마주잡을 때까지
기다리는 시간은
가슴 떨리고 아름답다

감성과 인정도 없이
바쁘게 살아가는 현대인들
타인의 아픔과 감정을
상관하지 않는 현대인들을 보면서
가슴이 텅 비어 간다

꽃피는 고운 봄날에
꽃나무 아래에서
누군가를 기다리는 마음은
슬프도록 아름다운데

미래에

인공지능 시대를 살아갈
기다림의 시간이 존재하지 않을
젊은이들 차가운 가슴이 두렵다

꽃나무를 심는 마음

해질 무렵 야산 길목에
노인이 꽃나무를 심는다
지나는 이들이
"언제 꽃을 보려나"

내가 꽃을 보려는 것이 아니요
세월 지나 훗날이 오면
내 손자 손녀들이
이 길을 지나는 모든 이들이
아름다운 꽃을 볼 수 있으리

꽃나무를 심는 이의 고운 마음이
훗날
눈부시게 아름다운 꽃을 피우리
새들도 날아와 둥지를 틀고
지나는 이들이 그늘에 앉아 땀을 식히리

꽃나무를 심을 때
남을 배려하는 마음과
사랑하는 마음도 함께 심는다

많은 이들이
꽃나무 그늘에 앉아 노래 부르리라
꽃 향기가 세상에 널리 퍼지리라
꽃나무를 심는 이의 마음이
꽃을 보는 마음보다 행복하구나

행복한 집

비슬산 자락 절마당 귀퉁이에
고목이 된 벚나무 한 그루
밤새 신음 소리 들리더니
날 새자 꽃망울 터트렸네

눈부시게 꽃핀 벚꽃나무 가지에
까치
신혼집 차렸다

아침저녁으로 법당의 염불 소리
삼층 석탑 둘레에 소원을 비는
작은 종들의 기도 소리 들으며
마음을 다스리니 사람보다 지혜롭구나

비슬산 참꽃은 화장을 곱게 하고
불타는 처녀 마음으로 누군가를 기다리고
천지가 환장할 봄날에
구름도 가던 길 멈춘다

서울 강남의 아파트가 아무리 좋다고 해도

좋은 말만 듣고 좋은 것만 보며
부처님 품에서 욕심 없이 살아가니
세상에서 가장 행복한 까치 신혼집

철조망을 사이에 둔 작별 인사

국가의 부름을 받고
참전하게 된 젊은 남성이
파병 전 환송 행사에서
철조망을 사이에 두고
애인과 입을 맞추는 사진이
커다랗게 신문에 소개되었다

차가운 철조망을 움켜잡고
양볼에는 철조망이 가로막고 있는데
두 사람 겨우 입술을 내밀어 맞대고
두 눈 감은 채 말이 없다

순간
무슨 말을 할 수 있으리오
차가운 철조망도
두 사람의 뜨거운 사랑에 녹아내리고
말문이 막혀 눈물만 흘린다

두 사람의 이 사진 한 장이
전 세계를 울렸으리라

하루빨리 전쟁이 끝나서
두 사람 뜨겁게 부둥켜안고
마음껏 웃을 수 있는 날이 오기를

거울

사람들은 거울에게 이렇게 주문을 하지
"더도 덜도 말고 있는 그대로만 비추어 달라고"

사람들의 말을 곧이듣고
있는 그대로를 비추어 주다가
가끔은 낭패를 당한다

"날 좀 예쁘게 비추어 줄 수는 없겠니"
"날 좀 날씬하게 비추어 줄 수는 없겠니"
이 말은
염치를 모르는 이들의 본심이거든

있는 그대로밖에 비출 줄 모르는
융통성 없는 정직함 때문에
가끔
뺨을 맞을 때도 있지

못난이도 조금 예쁘게
뚱뚱이도 조금 날씬하게
때로는

요술도 부릴 줄 알아야
세상살이가 조금은 수월하지 않겠니?

있는 그대로를 비추어 주는
속성을 버리지 못해
때로는
자신이 부서지기도 하지

등대의 기도

닿을 수 없는 먼바다를 바라보며
감겨 오는 두 눈을 부릅뜨고
밤길 다니는 배들을 위해
간절히 기도한다

강렬하지 않은 은은한 불빛으로
정적이 흐르는 밤바다를
옴싹달싹 못하게 붙잡고
입술을 잘근잘근 씹으며 밤을 지샌다

밤새 투정부리는 바다를
영혼을 바쳐 달래노라면
작은 배들은 아무일도 없는 듯
노래부르며 평화로운 아침을 맞는다

길 잘 찾아다니라고
밤새도록 눈 감지 못하고
밤새워 기도하는 부모님 마음으로
밤바다를 지키는 너는

한평생
추억 하나 남길 수 없는
외골수 사랑만 하고 있구나

탯줄

어머니 자궁에서
세상 구경 나오는 순간
어머니와 연결된 탯줄은
분명 잘려졌다.

어머니 젖줄 물고 자랐고
걸음마 배우면서 어머니 손잡고 걸었다
어머니가 아프면 내 가슴이 아프고
내가 아프면 어머니 가슴이 아프다

예부터 지금까지
가까이 있어도 멀리 있어도
어려울 때마다 탯줄이 당겨지고
죽는 날까지 끊어지지 않는 끈

세상이 아무리 변하여도
어머니와 내가 함께 숨쉬는 끈
평생을 움켜쥐고 살아도
죽는 날까지 놓을 수 없는 끈

전생에 어떤 인연이었기에
어머니 등에서 꿀잠 자던 옛적이나 지금이나
이승과 저승에서도 끊지 못하는
불가사의한 인연의 끈

우크라이나 전쟁을 보며

신문과 TV에서
우크라이나 피난민 행렬을 바라보면서
지옥을 가 본 적은 없지만
전쟁터가 바로 지옥이 아닐까

남편을 잃은 과부들이 수두룩하고
외동아들을 전쟁터에서 잃고
정신줄을 놓은 어머니
부모를 잃은 고아가 속출했다

가족들을 웃으며 피난시키고
돌아서서 눈물 삼키며
총을 움켜잡고 전쟁터로 나가는
아버지의 뒷모습

전쟁이란 괴물은
온 국토를 피로 물들이고
사랑하는 가족들을 갈라놓고
사랑하는 연인들을 영영 이별하게 만든다

총알받이로 죽어가는 젊은이들이
살고 싶다고 하늘을 우러러보면서
얼마나 외쳤을까

전쟁터에서 죽은 젊은이들의 희생으로
평화를 얻을 수는 있겠지만
이 지구상에서
전쟁은 영원히 사라져야 한다

세탁소

때묻은 양복이나 구겨진 옷들이
세탁소를 다녀오면
깨끗하게 때가 빠지고
다림질하여 새 옷으로 태어난다

마음속에 숨어 있는 거짓들
시기 질투하며 남을 해치는 말들
구린내 나는 악취를 풍기는 사람들
이런 것들을 깨끗하게 세탁해 주는
세탁소는 어디 없나요

옷만 깨끗하게 세탁할 것이 아니라
가슴속에 깊이 박혀 있는 썩은 응어리들
짐승보다 못한 행동을 하는 이들
깨끗하게 세탁해서 향기 나는 사람으로
다시 태어날 수는 없을까요

때로는
가슴 절절한 그리움이나
미워하는 마음까지도 깨끗하게 세탁되어

첫눈 내린 날처럼
모두가 새하얀 깨끗한 마음이 될 수 있다면

가슴에 사람을 들이지 말라

추억은 아름답다고 하지만
때론 가슴 찢어지는 아픔이기도 하지
준비된 이별일지라도 이별은 언제나 슬프다

갈림길에서 두 손 마주잡지 못하고
가슴에 들인 사람이 떠나갈 때
가슴이 베인 듯 숨이 멎는 듯

아픔을 훌훌 털어 버릴 수 없다면
가슴에 사람을 들이지 말라
살아가는 동안 너무 버거우니
잊은 듯 가슴에 묻혀 있던 그리움도
아픈 날은 올 테니

문득 떠오르는 정에 목이 메이고
가슴앓이가 너무 깊어서
살아온 세월이 모두 아픔이더라도

세월 지나고 보니
모두가 사랑이더구나

3부
금강송

금강송

금강송은
불필요한 가지들은
스스로 떨어뜨리며
자신을 곧게 가꾸어 간다고 한다

줄기가 곧고 나뭇결이 고우며 단단하여
소나무 중에 으뜸이라
옛 궁궐이나 중요한 건축물에
큰 재목으로 쓰인다

비뚤어진 인간의 마음에
곧은 마음과 은은한 향기로
신사의 품격을 소리 없이 일러준다

철없던 젊은 날
마음속에 뾰족한 가시 심어 놓고
가까운 이들 마음을
얼마나 아프게 찔렀으랴

이제라도 마음속에

금강송 묘목 한 그루 심어
뾰족한 가시 치밀 때마다
고개 쳐드는 놈 잘라 버리리라

남은 인생에
향기가 흩날리는 금강송 숲은
이루지 못할지라도
금강송 묘목 한 그루 마음속에 심어 놓고
올곧게 가꾸며 살리라

선글라스의 충고

부잣집 사모님이
비싼 선글라스를 쓰고
으스대며 외출한다

비싼 것이나 싼 것이나
색이 붉든지 푸르든지
자외선 차단 기능이 중요하건만
비싸고 모양이 좋은 것만 선호한다

길을 가다 곤란한 이를 만나면
커다란 선글라스로 얼굴 가리고
모른 체 지나가고
무시하고픈 이를 만나면
콧등에 비싼 선글라스 걸치고
으스대며 지나간다

이럴 때마다
뽐내는 이들 콧등에서
선글라스가 충고를 한다

너무 으스대지 말아라
겸손하게 살아라
훗날
너의 앞날은 아무도 모른다

삶의 정원을 풍성하게 가꾸어라
너의 콧등에서
내가 보고 있지 않니?

빈 의자

한생을 함께했던 주인을 보내고
체온도 식지 않은 채
눈물 보이지 않으려
아파트 마당에 나와 있구나

주인의 따뜻한 체온이 그립고
정다운 목소리 들리는 듯
하루 종일 하늘만 쳐다보며
마른 눈물을 삼킨다

힘든 삶보다 깊은 외로움이
빈 의자 위에 내려앉는다
저녁별들도 내려앉는다

새 한 마리 잠시 앉았다 날아가면서
무심히 던지는 한마디

인생에 영원은 없다
만남의 끝은 어차피 이별이 아니더냐?

덧셈, 뺄셈

학교 다닐 때
우등생이었던 내 친구는
덧셈 뺄셈을 아주 잘했다

직장 생활하면서
가끔 만나서 차 한잔 할 때마다
한숨을 쉬곤 했다

어느 날 술 한잔 하면서
내뱉는 자탄의 한마디

학교에서 배운 덧셈, 뺄셈의 답이
직장에서는 맞지 않을 때가 있다고 한다

상사에게 괜찮지 않을 때도
간혹 괜찮다고 대답을 한다고

그래도 정신 차리고 계산을 잘 해야지
덧셈, 뺄셈의 답은
분명 맞아야 하니까

찻집 아가씨의 손톱

친구와 찻집에 들렸더니
차를 파는 아가씨 손톱에
봉선화 꽃물이 곱게 들여 있네

동네 여자아이들 함께 모여
봉선화 꽃물 들인 손톱을
서로 예쁘다고 자랑하며
웃고 떠드는 모습은 볼 수가 없구나

마당에 곱게 핀 봉선화가
오는 이들마다 쳐다보며
사랑해 달라고 애원을 해도
매니큐어 바른 손톱 자랑하며
아무도 반겨 주지 않는다

아가씨가 건네주는 찻잔마다
찻잔 속에 봉선화 곱게 피어
사랑을 하자고 마주보며 유혹한다

한 모금 한 모금 마실 때마다

어릴 적 한마디 말도 나눈 적 없는
고향의 첫사랑이 생각나고
가슴속에 붉은 봉선화 피어난다

위탁모의 눈물

짧게는 육 개월 길게는 삼십 개월
낳은 정 못지않게 키운 아이가
입양되어 내 품에서 떠나갈 때

한 줌 정도 남기지 않으려고
마지막으로 손 한번 잡아 보지 않고
떠나는 모습 뒤돌아보지 않으며
보내야 하는 마음

웃음소리 울음소리
밤낮으로 귓전에 맴돌고
두 눈 마주보며 옹알이하던 모습
눈을 감아도 보이는데

후일 인연이 있다면
지나는 길에라도 한번만 보고 싶구나
사랑받기 위해서 태어났으니
새 부모에게 사랑받으며
행복하게 살라고 날마다 기도하는 마음

너를 안고 있는 순간
내 가슴은 뜨거웠다
나는 너를 잊지 못해도
너는 나를 까맣게 잊고 살아야 한다

부모 뽑기 게임

요즈음 아이들은
부모 뽑기 게임에
몰두한다는 신문 기사를 읽었다

동전을 기계에 넣고 돌리면
상품의 캡슐이 나오는데
부모를 비유했다고 한다

금수저 흙수저 이야기를
자주 듣는 세상이 되고 보니
세상이 미쳐서 돌아가는구나

능력 없는 부모라 탓하지 말아라
부모와 자식의 관계는
전생의 인연 없이 어찌 만날 수 있겠는가

벼락부자를 부러워하지 말아라
헛꿈 꾸다가
벼랑으로 떨어지기도 할 테니

부모 뽑기에 꽝했다고 실망하지 말아라
부모도 자식 뽑기에 꽝해서
피눈물 흘리며 가슴 칠 때도 있다

멍때리는 세상

보신탕을 없애겠다는 뉴스에도
늙은 개는 웃지 않는다
조석으로 바뀌는 인심에
멍때리는 세상이라고
멍멍 짖어댄다

아이보다 개를 좋아하는
젊은이들이 늘어난다는
뉴스를 보니
이제는 안심해도 될 듯하다

부모님에게 용돈 한푼 못 보내도
최고급으로 개를 치장하는 게
요즘 유행이라네

유모차 대신 비싼 개모차가
더 많이 팔리고
개와 고양이가 죽은 뒤
사십구제를 지내는 절이 생겼다고
신문에서 일러주네

세상 참 요지경이다
이제는 꼬리 흔들며
큰소리로 짖어도 되겠다

늙은 개는
오래 살고 볼 일이라고
하늘을 쳐다보며 혼자 크게 웃는다

꽃들아!

세월이 어찌하여 계절도 잊은 채
봄인지 가을인지 구별도 없이
벚꽃과 진달래가 가을에 피었다고
TV 뉴스 시간에 아나운서가 신나게 떠드는구나

지나는 이들이 반갑다고 손뼉을 치기도 하고
찬바람 불어오면
피다가 떨어질 너희들을 걱정도 하는구나

꽃들아! 너무 걱정 말아라
철없는 것이 너희들뿐이겠느냐

눈치 없고 뻔뻔한 인간들이
서로의 편이 되어 주지 못하고
물어뜯는 망나니가 우글거리는 세상
어찌 너희들을 탓할 수 있으리오

미쳐 가는 세상살이에
모른 채 함께 미쳐 가는 것도
한세상 살아가는 방법이 아니겠느냐

밥 한번 먹자

오랜만에 만난 친구 악수하고 헤어지면서
"다음에 만나 밥 한번 먹자" 해놓고
몇 달이 지나도 소식이 없다

어릴 적 약속 없이 친구 집에 달려가
밥 한 그릇 나누어 먹으며
우리들은 행복했었지

가끔 어릴 적 친구 만나
함께 밥 먹으며 이야기 나누는 것도
큰 행복인데

머리가 둔한 나는 시간이 많이 흐른 뒤에야
"밥 한번 먹자"는 말이
겉치레 인사였음을 알았다

바쁜 오늘날을 살아가면서
"밥 한번 먹자"는 말이
공수표로 허공에서 흩날리는구나

친구가 하늘로 갔다네

까꿍!
까꿍!
날마다 안부를 묻던 소리가
어느 날 멈추었다

아름다운 말과 글을 주고받고
함께 꿈을 꾸며
계절이 바뀔 때마다
아름다운 사진도 주고받았지

올봄에는
벚꽃보다 더 환하게 웃으며
꽃가지 휘어잡고 찍은 사진을
보내 주더니

떠난다는 한마디 말도 없이
모든 것 그대로 둔 채
갑자기 눈감아 버렸네
너의 손 놓을 준비도 못했는데

한생을 친구로 지내면서
너의 마음이 내 마음 같다고 생각했는데
이별의 인사도 없이 혼자 갈 수 있니

어느 날
빈 몸으로 훌쩍 떠나는 것이
인생이라고
세월이 수없이 일러주었건만
내가 귀담아듣지 않았구나

임산부 배려 좌석

지하철 안의 풍경은
모두들 핸드폰 마주보며 사랑에 빠지고
옆에 누가 앉는지 관심이 없다

노약자 좌석은 빈자리가 없고
비어 있는 임산부 배려 좌석을 보고
잠시 주저하던 아주머니
두 눈 질끈 감고 주저앉는다

젊은 날 부른 배를 안고
육남매 낳아 기르며
고생하던 때가 생각나서
아주머니 눈 감고 혼자 웃는다

도착지에 당도하여
미안한 마음에 얼른 일어서서
주위를 둘러보니
배부른 여자는 보이지 않는다

임산부 배려 좌석에

배부른 여인들이
앞다투어 앉을 날은 언제 오려나

아버지는 위대하시다

아버지는 대학교도 못 나오셨다

착한 어머니와 결혼을 해서
자식들 낳아
대학 교육도 시키고 모두 독립시켰다

직장을 다니지만
연애도 못해 보고 결혼은 포기했다
자식 하나 낳아서 키워 보고 싶지만
이루어질 수 없는 꿈이다

세상을 잘못 만난 탓인지
평범하게 살아갈 권리마저 박탈당하고
월급을 죽는 날까지 모아도
작은 아파트 한 채 사기도 힘이 든다

아버지 노릇하시느라
백발이 된 머리카락을 휘날리며
가끔씩
자식들에게 미안하다고 하신다

아파트 한 채씩 사 주지 못해서

아버지는 힘들 때마다 속울음 쏟으시며
가족들을 위해서 한생을 바쳤다
내가 살아 보니

아버지는 참으로 위대하시다

저출산국의 현실

카페나 식당에서
"개나 고양이는 되고 아이들은 입장이 안 돼요"
손님들이 조용한 곳을 원한다는 이유로
이런 팻말을 세워 놓은 곳이 간혹 있다고 한다

출산율은 점점 감소되어 가고
반려동물을 키우는 가정이
늘어나는 오늘날의 현실이다

아이들보다 반려동물이
판치는 세상이 되어 가니
상인들의 계산 빠른 기발한 생각이다

신부님!
"애완동물과 함께 천국에 갈 수는 없나요?"
신부님은 처음 듣는 질문이라
대답을 못했다고 한다

점점
화나는 세상이 되어 간다

"아이는 울어도 괜찮아"
일본에서 저출산을 탈피하려고
공원에 붙여 놓은 응원의 말이란다

아이들 울음소리
골목마다 들리던 옛날이 그립다

어쩌다 이런 세상이

말 농장 주인이
말 한 마리 끌어안고 걱정을 한다
새끼를 멀리 보냈더니
삶의 의욕을 잃고 먹지를 않는다고 한다

동물의 새끼 사랑도 이러할진대
만물의 영장이라고 하는 사람들은
어린 자식을 방치해서 굶어 죽게 하고
몰래 자식을 길거리에 버렸다는
신문 기사를 보았다

옛적
굶기를 밥 먹듯 하던
보릿고개 시절에도
자식을 버리지는 않았건만

배부른 세상이 되었는데
어쩌다
부모가 자식을 버리는
이런 세상이 되었을까

벽에 박힌 못

누군가에 의해 벽에 꽉 박힌 채
그날부터 그 자리에서 움직이지 못한다

마음대로 다니고 싶을 때도 있고
무거운 짐에 허리가 부러질 듯 아플 때도 있지
때로는 숨이 막히기도 하지

어느 날 갑자기 엄마라는 자리가
행복할 때도 있지만
눈물 흘리며 힘든 날도 있지
가끔 그만두고 싶다는 생각을 할 때도 있지

힘든다고 그만 둘 수도 없고
책임을 포기할 수도 없다
묵묵히 그 자리에서
나날을 지켜야 하는 엄마의 자리

벽에 꽉 박혀 움직일 수 없는 못을 닮은
엄마의 자리

부음

수많은 사람들이 걸어간 길을
오늘도 몇 사람이 따라갔다고
신문 귀퉁이 부음란에
간단히 몇 줄로 인생을 마무리한다

명사들은
살아온 이력을 자랑스레 알리고
범부들은
가족들과 장례식장만을 간단히 알린다

때로는
자랑스러운 자기소개서이기도 하고
때로는
슬픈 자기소개서이기도 하다

이 세상에 다녀간 흔적을
"부음"이란 두 글자로
길게도 짧게도
인생의 마지막을 점찍는다

별것도 아닌 인생길
잘난 이나 못난 이나
부자거나 가난한 이나
빈손으로 먼길 떠나는 모습은
모두가 평등하구나

전화번호를 지우다

친구가 여러 번 전화를 해도
전화를 받지 않는다
애써 신경 쓰지 않으려
별일 없겠지 생각했다

시간이 얼마나 흐른 후
낯선 목소리의 전화를 받았다
친구가 하늘나라로 갔다고
친구 딸이 알려 준다

아무말도 하지 못한 채
전화기를 놓았다
아름답던 우리들의 추억도
힘들고 고단했던 삶도 모두 잊고
하늘나라에서 편히 쉬게나

며칠 후
친구 전화번호를 지웠다
친구들의 전화번호가
하나 둘 지워진다

어느날
내 전화번호도
누군가 지우는 날이 오겠지

욕심

나무들은 생명을 유지하기 위해
잎과 꽃을 피우고 열매를 맺는
최소한의 물만 빨아들인다고 한다

사람들은 남보다 잘난 척하려고
세속적인 쾌락을 위하여
배가 터지도록 물을 마신다

때로는 마시고 싶지 않은 물도
상대방의 눈치 때문에
억지로 마실 때도 있겠지

무거운 돌덩이 들고 헤엄칠 수 없듯이
무거운 몸뚱이 헤엄칠 수 없어
결국 물에 가라앉지

어쩌면
그리움도 사랑마저도
무거운 욕심일지도 몰라

4부

당신은 뒤에도 넥타이를 매는가

당신은 뒤에도 넥타이를 매는가

건물 앞뒤가 너무 다르고
속과 겉이 다른 모습에 거짓과 위선에 놀라
심사위원이 지적을 해서 질문을 하니

돌아온 대답인 즉
당신은 뒤에도 넥타이를 매는가

평생 살아오면서
뒷목에 넥타이를 맨 사람을
본 적이 없으니 맞는 말이다

믿음이 없는 사이에
앞 넥타이나 뒷 넥타이가
무슨 소용이 있으리오만
때로는 당신의 뒷모습에 반하는 이도 있지 않을까

날마다 거울 앞에서
앞 넥타이만 멋있게 맬 것이 아니라
마음속에 반듯한 넥타이
한평생 매고 다녀야 하지 않을까

늦가을

단풍이 불타는 늦가을 날
단풍보다 고운 이름 하나
가슴속 깊이 박혀 있구나

단풍은 온 산을 불태우는데
가슴은 왜 이리 시릴까
이별을 고하는 계절이라고
가슴속 가득 눈물 고여 있구나

이런 날은
장작불 활활 타는
친정집 부엌이 그립다

아궁이 앞에 앉아
타는 불꽃에 시린 가슴도 녹여 보고
흐르는 눈물도 말려 보리라

활활 타는 장작불 한아름 안고
춥고 외로운 겨울날을
따뜻하게 보내리라

꽃이 진 뒤에

너희들이 곱게 피어 있는 이 길을
수없이 지나다니면서
예쁘다는 한마디 말도 못했구나

지날 때마다 내게 아는 체했는데
너의 목소리에 귀기울이지 않고
너희들이 곁에 있어 행복했는데
고마운 마음도 전하지 못했구나

추적추적 가을비 내리는 날
우산 한번 들어 주지 못하고
찬바람에 꽃잎들 떨어지니
너희들이 있어
행복했음을 이제야 알았구나

한생을 걸어가면서
곁에 있는 모든 것들이
떠난 뒤에야 소중함을 알게 되니
어리석은 게 사람이 아니더냐

가을비 맞으며
꽃잎 떨구는 너희들을 보면서
닮은 내 모습에 가슴 시려 와
뿌리치고 돌아설 수 없구나

백일홍

무슨 소원이 그리도 간절하여
한여름 뙤약볕 아래
꽃들을 제물로 차려 놓고
백일기도를 드리느냐

누가 너의 마음을 붙잡고
질기도록 놓아주지 않기에
한낮 더위에 신음하면서도
끝내 포기하지 못하느냐

고통스런 사랑을 끌어안고
한낮 피 울음 우는 너는
밤마다 별을 보면서도
꺼이꺼이 울고 있구나

이루지 못할 사랑이라면
고통스러워 날마다 피 흘리지 말고
때늦은 후회로 가슴 치지도 말고
사랑을 놓아주려무나

사랑은 채워도 채워도
마음 가득 채워지지 않고
목말라 허기지는 것이니

탈북 소년의 눈물

길 위에서 먹고 자고 17년
풀피리 불며 견딘 세월
버려진 음식을 주워먹고도
죽을 수 없어 버틴 세월

목숨 버리고 고향 떠나 여기까지 왔는데
여기서도 마음껏 웃을 수 없구나
돌아갈 곳 없는 탈북 소년들에게는
배부른 쌀밥도 눈물겹구나

소년들은 울지 않고 노래 부른다
나는 고아가 아닙니다
통일되면 부모님도 만날 수 있고
함께 놀던 친구들도 만날 수 있을 테니까

헤어질 때 마지막 본 어머니 얼굴
뼛속까지 시리게 보고 싶은데
통일되어 만날 수 있는 그날까지
살아만 있어 주세요

고향을 바라보며 갈 수 없는 서러움
우리들의 마음을 누가 알까요
우리들의 소원은 평화통일

*TV 모란봉 클럽을 보고

사진 한 장

판문점 군사분계선 앞에서
포승줄에 묶인 채 안대를 풀자
공포에 질려 북쪽으로 넘어가지 않으려
몸부림치는 두 젊은이

"어데로 갑네까?"
죽음과 삶의 갈림길에서
앞으로 한 발 가면 죽음이요
뒤로 한 발 물러서면
살 수 있는 희망의 땅인데

땅바닥에 머리를 찧어 피를 흘리며
필사의 항거를 하는 두 젊은이
죽음의 나라로 밀어넣는 순간
우리의 젊은이들도 마음속으로 눈물 흘렸으리

천하를 얻고자 하는 욕심도 아니고
목숨만 부지하기를 바랐는데
죽음의 나라로 떠밀려 가는 모습에
우리 국민 모두의 가슴속에도

뜨거운 눈물이 고였으리라

우리들의 이런 현실이
참
슬프다

텃밭

텃밭은 노부부의 사랑 놀이터
방울토마토 하나 따서
할머니 치마에 쓱 닦아서
할아버지 입에 넣어 준다

두 눈 지그시 감고
젊은 날 가슴에 묻어 두었던
추억 한 자락 꺼내어
천천히 함께 씹는다

가려운 등 서로 긁어 주며
석양의 끝자락에 서 있는데
젊은 날 추억들이 마르지 않아
가슴속에서 강물처럼 출렁인다

살다가 가슴 시리고
찬바람 부는 날이 오면
아껴 두었던 추억 한 자락 꺼내어
마음 다독이며 살아가자

가고 난 뒤 못다 준 정 때문에
가슴 아파 눈물 흘리지 말고
손잡고 함께 가고자 하는 염원으로
채소에 거름을 주듯이
서로의 가슴속에 정 한 줌씩 넣어 주자

배꽃 핀 날 아침에

봄날이라 아지랑이 피어나듯
새하얀 배꽃이 흐드러지게 피었다

하얀 얼굴에 웃음이 고우셨던
배꽃 같은 어머니
봄이라 배꽃이 곱게도 피었는데
한 번 가시면 다시는 못 오시나요

조상님 섬기고 자식들 키우시느라
처녀적 이름은 까맣게 잊으시고
누구의 엄마로 한평생을 사셨지

모진 시집살이 힘들고 서러워도
내색 한 번 안 하시고
배꽃 진 자리에 배가 크듯이
자식들 크는 모습에 힘든 세월도 견디셨지요

배꽃 지기 전 아름다운 봄날에
꿈에라도 한 번만 다녀가실 수는 없나요?

그믐달

천지가 깜깜하다
하늘을 쳐다보니
그믐달이 실눈을 하고 산 위에 걸려 있다
별들이 그믐달을 애워싸고 반짝인다

훗날
성장을 기약하는 몸부림으로
해녀들이 숨을 참고 또 참으며
죽을힘 다해서 물질하듯
눈을 크게 뜨려고 안간힘을 쓴다

어두움과 외로운 밤을 견디고
보름달이 천지를 환하게 비출 때
어두웠던 암흑의 시간과 그믐달의 고통을
아무도 기억하지 못한다

기억해 주는 이 없어도
뼈를 깎는 고통의 나날을 견디고
천지를 환하게 비출 때
그믐달은 스스로 장하다고 칭찬한다

해녀

땅 한 평도 네 것 내 것이라 다투고
단돈 한 푼도 양보가 없는 세상
무서운 인간들이 종횡무진 설치고
세상이 점점 미쳐 간다

나는 미치지 않기 위해서
바다에 뛰어든다
마음대로 숨을 쉬고
마음대로 활개칠 수 있는 곳

넓은 바다를 품어 안고
온갖 아름다운 것들과
사랑을 나누고 푸른 꿈을 펼치니
이곳이 바로 천국이 아니냐

한 평 땅도 갖지 못한 내가
넓은 바다를 품어 안고 사랑을 나누니
내가 얼마나 부자냐
내가 얼마나 행복한 사람이냐

바다로 뛰어드는 순간만은
세상에서 가장 행복한 사람

우체통

마주보고는 차마 말할 수 없어
밤새 썼다 지우고 썼다 지우고
날 새자 사랑 편지 한 통
우체통에 넣으려 가는 발걸음 하늘을 난다

따뜻한 사랑 편지 받아 안고
내 가슴은 뛰었고 행복했지
가슴 시린 사연 받아 안고
밤새 별을 보며 홀로 울었지

우체통 앞을 지날 때마다
이유 없이 가슴이 뛰고
누군가 희망의 편지 한통 넣어
잠자는 가슴을 깨워 줄 것만 같구나

세월에 밀려
편지 부치러 오는 이가 없으니
한가하게 낮잠만 자며
외로운 마음 안고 하늘만 쳐다보니

옛 영광을 바라는 것은 욕심이라고
세월 따라 잊고 살라며
한가하게 흘러가는 구름이
웃으면서 일러주는구나

10초의 순간
―故 심정민 소령을 그리며

여러분들은
마지막 10초의 순간이 주어진다면
어떻게 쓰시겠습니까?

29세 故 심정민 소령은
10초 찰라로
자신의 목숨을 버리고 타인들의 목숨을 구했습니다

마지막까지
비상 탈출 장치를 당기지 못하고
조종간을 잡고
기수를 야산으로 돌렸습니다

신혼의 아내와 부모 형제를 두고
어떤 용기로
그 길을 선택할 수 있었나요

하늘에서 눈감는 순간까지
사랑하는 이들의 얼굴을 떠올리며
얼마나 고통스러웠겠소

군인의 의무를 철저히 지킨
뜨거운 가슴이 있어
국민 모두가 평화로이 살 수 있습니다

애도하기조차 부끄럽습니다
부디
하늘나라에서는 편히 쉬세요

＊2022년 1월 4일 금요일 사고 나다

아버지 팔순 잔치는 누가 하라고
―현은경 간호사의 죽음

당신의 남편과 아들딸은
당신이 없으면 안 되는데
어쩌자고 가족들을 남겨둔 채
장례식장에 눈감고 누워 있소

내일
아버지 팔순 잔치는 누가 하라고
당신은
무슨 생각으로 그 길을 택하셨소

어차피
환자들은 얼마 남지 않은 목숨들인데
가족들을 남겨 둔 채 그리하셨소

거동이 어려운 환자들을 남겨 두고
차마
혼자 돌아서지 못하고
끝까지 환자들의 손을 놓지 못하고
함께 가시었소

남은 당신의 가족들은
살신성인하고 떠난 당신을 생각하면서
잘 견딜 것이오

하늘 나라에서는
고통 없이 편히 쉬세요
우리 모두 당신을 기억하리다

＊2022년 8월 6일 토요일 L.G 의인상을 받다.

굳은살

시골에서 평생 호미 쥐고 살아온 노부부
한생을 참고 견딘 세월
손에 굳은살 박혀 아픔을 모른다네

"무수한 슬픔의 기억은
시련을 견딜 수 있는
굳은살을 가져다준다"고 한다

한생을 함께하고
사랑하는 사람을 떠나보낸 후
칼로 도려내는 아픔과 밤잠 못 이루는 그리움

세월이 얼마나 흘러야
아픈 마음에 굳은살 박여
마음 무디어져 잊고 살아갈 수 있을까

긴 세월 보내다 보면
마음에도 굳은살 박여
잊고 살 수 있는 날도 오겠지

그리움

그리움이란
호사스런 고통인지도 몰라

세월 가면
잊을 법도 하건만
잊어도 되는 추억들을 잊지 못하고

마음속 깊이 잠들어 있던
빛바랜 추억들이
꽃잎이 한 잎 두 잎 피는 봄날에
마음이 황홀하도록 피어나네

그대를 보내고 견디는 세월에
기다리지 않아도 계절은 돌아오고
생각지 않으려 해도 추억들은 되살아나
잡을 수도 보낼 수도 없는 가슴 시린 고통이구나

하늘에 별이 되어 날아간 줄 알았는데
내 가슴속에 별이 되어
눈감는 날까지 함께하겠구나

내 안에 함께하는 당신

고단한 날 아침
일어나지 못하고 뒹굴면
손잡아 일으켜 주고

친구들과 즐겁게 밥 먹을 때
내 귓속에 작은 목소리로
밥값은 당신이 계산하라고 일러주지

마음 전부를 다 주고도
언제나 모자란 듯
아쉬워하는 그 마음

"사람은 두 번 죽는다"고 하네
"한 번은 육체적인 죽음이고, 또 한 번은
그가 떠났다는 사실조차 잊혀졌을 때라고"

내가 잠들기 전 당신을 잊은 적 없으니
당신은 내 가슴속에 함께 살다가
내가 저세상 가는 날 함께 가겠지

당신을 만나러 가는 날

지난밤에는 잠이 오지 않았소
아침부터 왜 이리 가슴이 뛰는지
당신을 만나러 가는 날이 처음도 아닌데
갈 때마다 마음이 설레이네

"산소에 생화를 가져다 놓는 것은
꽃이 시들기 전에 다시 오겠다는 약속"이라고
누가 일러주더이다

생화를 들고 가지 않겠소
꽃이 시들기 전에 당신을 만나러 가지도 않겠소
당신을 만나러 가는 날은
너무 힘들고 외로워서

어쩌다 아주 가끔 만나러 가겠소
그리움은 끝이 없다고 하지만
살다 보면 끝나는 세월도 오지 않겠소

가능하다면 당신 잊고 살아 보려고
노력 중이오

하늘에 띄우는 편지

당신 떠난 후 앞이 보이지 않아
한 발자국도
내디딜 수가 없었소

헛발 디디고 넘어지면
당신 달려와
손잡아 일으켜 줄 수 없어
마음 아파 눈물 흘릴 것 알기에

날마다 조심조심
한 발자국도 헛디디지 않고
잘 걸어가고 있소

밥맛 없다고 밥 안 먹으면
당신도 밥 안 먹을 것 알기에
하루 세 끼씩 잘 먹고 있소

함께했던 세월 동안
철부지였던 나를
당신 자신보다 더 아껴 주었던

그 마음도 잘 알고 있소

아이들이 반백년을
아버지! 하고
큰소리로 부를 수 있게 해 주어서
참 고마웠소

함께 손잡고 걸어가지 않아도
그곳에서도 항상 나를
지켜 주고 있다는 것도 알고 있소

이렇게 보고픈 마음은
언제쯤
아무렇지도 않게 놓을 수 있을까

전하지 못한 말

오랜 세월 함께하면서
꼭 해야 할 말을
전하지 못하고 살았네

날마다 마주보며
"고맙소" "사랑하오"
이렇게 쉬운 말 한마디도 하지 못했네

떠나보낸 후에야
전하지 못한 말들이
가슴 가득 남아 있음을 알았네

퍼내지 못한 말들이
가슴 가득 고여 있어
밤마다 가슴이 아려 잠들 수 없구나

다음 세상에서 만나
못다한 말들 전할 수 있을까
말할 수 있을 때 아끼지 말고 전해야 했거늘

해설

노경老境의 지혜

노경老境의 지혜

김동원 시인·평론가

들어가는 말—서정

   그녀의 서정은 근대와 현대의 풍경이 잘 어우러진 감동의 시편이다. 돌아가는 자者의 젖은 목소리가 노을빛처럼 쓸쓸하다. 잠들지 못한 밤은, 생각을 물고 달빛을 물고 새벽까지 시를 짓는, 그 노경老境의 지혜가 빛난다. 쇠락해 가는 것들에 대한 아쉬움과 고뇌가 불면의 몸부림으로 가득하다. 그녀의 시는, 불계공졸不計工拙의 꾸밈없는 서투름이 오히려 아름다운 울림을 전하다. 잃어버린 한국인의 인정과 풍속은, 시 행간 속에서 흑백사진처럼 추억으로 물들게 한다. 번거로운 속박에서 벗어난 그녀의 시는, 텅 빈 미학으로 승화

된다. 두 손은 허위와 가식을 내려놓고, 두 귀는 하늘의 말씀을 듣는 노老시인의 경지가 허허롭다. 그녀의 시는 몇 가지 재료로 언어를 주물럭거려, 억지로 대상을 구부리지 않는 시법에 닿았다. 자연스레 바람의 언덕을 넘다가 숨이 차면, 잠시 행과 연 사이에 앉아 쉬기도 한다. 그녀의 목소리는 고통과 비명을 지나, 기억의 지문을 지우는 경계에 서 있다. 시는 고독한 작업이지만, 견디기만 하면 좋은 시가 수북이 쌓인다. 서정시는 천지 만물의 감정을 떨림으로 전하는 시법이다. 사물의 말을 곡진하게 들을 때 명시가 태어난다. 누구에게나 말 못할 심연의 통곡이 있다. 그녀의 어떤 시는 들썩이는 울음소리가 너무 깊어 마음이 아프다. 또 어떤 시는 신비로운 지혜로 가득한가 하면, 그녀만의 독특한 음색이 곱기도 하다.

정춘자의 시집 『빈 의자』는 크게 세 가지 정도로 요약된다. 놓쳐 버린 것들에 대한 아쉬움과 어머니에 대한 그리운 정서를 들 수 있다. 가난과 굶주림이 다반사이던 근대의 풍속과 사람살이는 눈물겹다. 그녀의 삶의 노정은, 해방 전후, 6·25전쟁, 70년대 산업화와 민주화를 거쳐 현재에 이르기까지, 시 속에 고스란히 담겼다. 한편, 가슴속에 한숨으로 남은 지난 시절의 추억과 회한의 목소리가 들린다. 늙어 가는 것에 대한 연민과 사라져 가는 것들의 서글픔이 묘하게 시로 뒤얽혔다. 그리고 현실의 부조리와 비틀린 인간을 향한 풍자를 묘사하였다. 시는 개인적 체험일 수도 있고, 타자의 행위가 시 속에 투영된 것일 수도 있다. 좋은 서정시를 구분 짓는 일은 별 의미가 없다. 시인마다, 독자마다, 개성이 천차만별이어서, 쓰는 사람도 읽는 사람도 행복하면 그만이다. 그녀의 시「빈 의자」에서도 유추되듯, 객관적 상관물 '의자'를 통해, 버려진 노인 문제를 환유의 시법으로 찔렀다. 무릇 좋은 서정시는 가슴을 설레게 하는 시가 일품이다. 익숙한 시어들을 잘 닦아 자신만의 특별한 이미지를 입혀 새로운 감각으로 치고 나와야 한다. 그녀의 시가 지금 불려지는 까닭은, 사람이 겪는 보편적 정서를 건드리기 때문이다. 시는 삶의 구체적 장소에서 태어나며 실존을 감각화할 때 빛난다. 그녀의 서정은 사람과 길이 만나 시가 되며, 그 시는 다시 '허무'의 노래로 울려 퍼진다. 그녀의 시는 밤하늘 달빛의 순행을 따라 도는, 인간의 영고성쇠를 깨닫게 한다. 어떤 작품은 카타르시스를 느끼게 하고, 어떤 시는 답답하던 가슴을 뻥 뚫리게 한다. 그녀의 언어가 기교를 버린 점은, 그만큼 시와 삶이 순수를 지향하기 때문이다. 좋은 시인은 세계를 향해 자신의 이야기를 속삭일 줄 안다. 그녀의 시가 아름답게 느껴지는 이유는, 시적인 인식, 사물에 대한 시각, 서정의 빛깔을 독창적 방식으로 그려 내기 때문이다.

삼대三代

여자의 일생에서, 엄마·나·딸로 이어지는 삼대의 의미는 특별하다. 이번 정춘자의 시집에서 육친에 대한 기억과 놀이의 공간은 따스하다. 고향을 중심으로 펼쳐진 개인적 서사는 시의 의미와 묘사를 더욱 풍부하게 한다. 한국인의 전통 풍속을 섬세하게 시로 형상화 하였다.「실감기」는, 누구에게는 어머니자 누구에게는 딸인, 여자의 뒤쪽 풍경이 고스란히 담겼다. 현대의 핵가족에서는 볼 수 없는, 이런 정겨운 장면은 지혜의 울림을 전한다. 친정이라는 공통분모로 엮인 세 여자는, 평생 삐치고 꼬이고 겹쳐진 천륜에 얽혀 살아간다. 마치 "시집보낼 때" 준 "한 타래 실패"처럼, 감기고 풀리면서 서로가 닮아 간다.

> 딸아이 시집보낼 때
> 굵은 실 한 타래 실패에 감아
> 반짇고리에 넣어 주었더니
> 십 년 세월이 흐른 뒤 쓸 일 없다고 되돌아왔다
>
> 이불 홑청도 꿰매지 않고
> 바늘과 실도 예전처럼 필요치 않은
> 편한 세상이 되었다
>
> 두 팔에 실타래 걸어 놓고

어머니와 마주앉아 실패에 실을 감다가
　　잠시 딴생각에 실타래 놓치면
　　금방 엉켜 버리지

　　엉킨 실타래 풀어내어
　　두 팔에 걸어 주시며
　　두 눈에 나를 가득 담고 웃으시던 어머니
　　다시 마주앉아 실 한번 감아 봤으면

　　엉켜 버린 실타래 정성스레 풀어내듯
　　힘드는 고비고비 닥칠 때마다
　　네 탓 내 탓 시비하지 말고
　　서로 마주보고 앉아
　　꼬인 실타래 지혜롭게 풀어야지

　　　　　　　　　　　　　　―「실감기」 전문

　친정엄마와 딸의 관계보다 더 복잡한 마음 지도는 없을 것이다. 깨질 것 같은 큰 소리로 싸우다가 하룻밤만 자고 나면, 금세 '미안해'라는 수다로 한 시간은 보낸다. 딸과 엄마의 애증을 보여주는 격언을 보면 이해가 간다. '딸은 두 번 서운하다'는 말이 있다. 엄마는 아기를 낳을 때 아들을 기대했지만, 딸이라서 서운하다. 그런데 막상 시집가는 딸과 헤어질 땐 누구보다 서러워하는 것이 친정엄마다. 근대 사회에서 엄마와 딸을 끈끈하게 이어 준 추억은 바느질이다. 시집가기 전에 배우는 자수刺繡는, 그 수법이 매우 섬세하고 숙련된 솜씨로 많은 품이 든다. 모녀가 함께 앉아 꽃수를 놓으며 "꼬인 실타래"도 풀고, 도란도란 이야기도 나누는 모습은 곱기도 하다. 물론 "잠시 딴생각에 실타래 놓치면 / 금방 엉켜 버리지"만, 어머니의 따스한 눈빛은 딸을 행복하게 한다. 세상만사가 꼬여서 좋을 일은 하나도 없다. 모녀지간도 '실과 바늘'처럼 함께 조화로울 때 가장 살갑다.

회한悔恨

이번 정춘자의 시집 『빈 의자』의 또 다른 중요한 주제는, 삶을 관통한 자가 느낀 '회한悔恨'이 쓸쓸하다. 돌이켜보면 모든 삶의 궤적이 후회가 아닌 것이 없다. 「졸업장」 속에는 그녀의 인생 노정이 고스란히 담겨 있다. 졸업장은 출발의 기쁨과 아쉬움을 한꺼번에 가져다준다. 졸업장의 유무에 따라 인생길도 파란불과 빨간불로 나뉘어진다. 학교는 성숙과 지혜를 배우는 과정이지만, 졸업장은 사회인으로서의 성공으로 가는 표지판이 된다. 그녀 역시 '졸업장'을 받기 위해 청춘의 고개를 숨차게 달려왔다.

    폐지를 모으는 쓰레기통에

한쪽 귀퉁이가 찢어지고
낡고 빛바랜 종이 한 장이 펄럭인다
육십 년 전 대학교 졸업장이다

너 하나를 갖기 위해
주인은 얼마나 땀을 흘렸을까?
부모님 등골은 얼마나 휘었을까?

무게도 없는 너 하나를
한평생 등에 업고
주인은
얼마나 열심히 뛰었을까?

어렵게 맺은 인연의 끈에 묶여
좋은 일도 싫은 일도 한생을 함께하며
한눈도 팔지 않고 언제나 함께했지

살아생전 잠시도 놓아주지 않더니
함께 가지 못하고 혼자 떠났구나
이제 해방이 되었으니
네 마음대로 살아 보아라

주인만 따라다니다 혼자 남고 보니
어디로 가야 할지 몰라
이리저리 헤매는구나

—「졸업장」전문

근대 한국 사회에서 성공하기 위해 가장 중요한 덕목은, 가문과 학벌, 그리고 인맥이었다. 아무리 실력이 있어도 명문 대학 졸업장이 없으면 승진의 후순위로 밀렸다. 직장 면접을 볼 때에도 학벌은 성공의 지표였다. 물론 21세기 현대 사회에는 전문성, 창의성, 문제 해결 능력 등을 평가의 기준으로 삼는다. 그럼에도 불구하고 현실에 부딪히면, 금수저 은수저 흙수저의 계단은 계급처럼 확고하다. 그녀 역시 '졸업장' 하나를 거머쥐기 위해 "얼마나" 많이 "부모님 등골"을 휘게 했는지 모른다. 팔순이 넘어서야 "무게도 없는" 종이 한 장을 위해 평생 허덕였다는 사실에 허망감을 느낀다. 철들어 부모님께 효도를 하고 싶어도 두 분은 하늘나라에 가신 지 오래다. "낡고 빛바랜" 졸업장을 소각하면서, 노시인은 인생이 참으로 헛되다는 진실을 깨닫게 된다. 그리고 무한한 "해방"감과 함께, 인간은 영원히 헤매는 나약한 존재임도 확인하게 된다.

눈물

서정시의 아름다움은 슬픔에 있다. 생사$_{生死}$의 악보는 늘 미완성이다. 누가 오라고 해서 나온 것도 아닌데, 가는 길은 저마다 다르다. 한 번 왔다 가는 인생은, 왜 이리 아득한지

모를 일이다. 정춘자의 「아카시아꽃은 피었는데」를 읊고 있으면, 절로 눈물이 흐른다. "아카시아꽃 따먹으며 / 허기를 견디던", 저승에 먼저 간 "어머니와 누이" 생각으로 그녀의 가슴은 사무친다. 생각하면 할수록 이 비가悲歌는 고향 뒷산의 노을처럼 붉게 젖는다.

아카시아꽃 따먹으며
허기를 견디던
어머니와 누이는 저세상 가고 없는데

어쩌라고
아카시아꽃은 천지에 향기를 날리며
저리도 활짝 피었느냐
너의 향기에 달려갈 이들도 없는데

부모님들 찬밥 물에 말아
된장에 풋고추 찍어 먹으며
새벽별 보고 소 몰고 논밭 갈아
배부르게 쌀밥 먹는 오늘이 온 것이다

자식들 대학 공부시켜 장가들여 놓았건만
며느리에게 따뜻한 밥상 한번 받아 보지 못하고
애완견도 배부른 세상이 되었는데
마지막 가는 길은 요양병원 신세구나

> 아무도 찾는 이 없는데
> 눈부시게 저녁노을이 창문을 두드리고
> 창밖에 아카시아가 흐드러지게 피어서
> 옛날이 그립다고 나를 부르는구나
>
> ―「아카시아꽃은 피었는데」 전문

 어쩌자고 '아카시아' 꽃향기는 날아와 그녀를 쓸쓸하게 하는지, 야속하기만 하다. 한평생 자식을 위해 모든 것을 내어준 어미를 생각하면, 그녀는 뼛속까지 저려 온다. 죽은 '누이'가 향기에 실려 오고, 오래전 문중 산에 묻힌 아비 어미가 산비알을 타고 내려온다. 그렇다. 아카시아꽃이 필 무렵이면 "부모님"은 "새벽별 보고 소 몰고 논밭"을 갈았다. 오직 "자식들 대학" 공부시키려고 뼈 빠지게 고생만 하다 가셨다. 뜨신 쌀밥 한 그릇 못 드신 부모님을 생각하면, 그녀의 흉중은 무너져 내린다. 이제 "요양병원" 갈 날만 남은, 노시인의 마음속은 만감이 교차한다. 아카시아꽃은 "활짝" 피었는데, "눈부시게 저녁노을이 창문을 두드리"는데, 늙고 보니 그 외로움이 뼛속까지 으슬으슬하다. 이렇듯 좋은 서정시는 삶의 구체적 장소에서 태어나며, 외로운 존재의 깊은 곳에서 울려 나온다. 고독해야 시가 들리나 보다. 그녀의 시는 길 잃고 헤매는 자의 서성거림이 좋다.

풍자

　이번 정춘자의 시집에서 주목할 점은, 현실 사회를 풍자한 작품에 대한 다양성이다. 풍자의 주제는 당대 현실의 모순과 부조리에 대한 조롱·멸시·분노·증오 등을 비판하고 고발한다. 풍자는 어리석음의 폭로, 사악함에 대한 징벌을 역설적으로 표현하며, 반어(反語, irony)·비꼼sarcasm·냉소(冷笑, cynicism) 등의 어조를 활용한다. 특히, 조선 시대 탈춤과 판소리 마당극은, 해학과 결부돼 양반사회의 부도덕한 점을 들춘다. 기존 윤리의 허위를 폭로하고 진실을 깨우치는 것으로부터, 권력의 횡포를 비판하고 고발하는 데까지 생생하게 표현한다. 현대에 와서도 체제에 대한 불만을 풍자한 작품은 수두룩하다. 특히, 도시산업화의 비인간화나 경직된 사회체제의 모순 등을 희화화한, 김지하의 「오적」은 풍자문학의 백미로 꼽힌다.

　　동네 개 한 마리
　　심심해서 짖어 본다
　　영문도 모른 채 온동네 개들이
　　덩달아 죽어라 짖어댄다

　　어쩌다 거짓말 한마디 주워들으면
　　진실인 양 떠들어댄다

거짓이라 들통이 나도
부끄러움이나 염치도 모르고 떠든다

생각없이 짖어대는
개를 닮은 인간들이
도처에 우글거린다

세상 인심이 너무 써
못 먹는 쓴 소주라도 한잔 마셔야
오늘 밤 잠들 것 같다

─「개가 짖는다」 전문

  풍자의 소재로 '개'만한 동물도 없다. 한국 사람이라면 "하룻강아지 범 무서운 줄 모른다"라는 속담을 모르는 이가 없을 것이다. 이 속담은 '철모르고 함부로 날뛰는 것'을 비유한다. "개보다 못한 놈"은 인간 말종을 지칭한다. "겨 묻은 개가 똥 묻은 개 나무란다"는 '자신의 잘못을 모르고 오히려 남의 잘못만 들추어 욕하는 사람'을 가리킨다. 정춘자의 「개가 짖는다」는, 작금에 벌어지고 있는 현실 세태를 풍자하고 있다. 광장에서, 유튜브에서, 익명으로 짖는 "개"들을 따라, "영문도 모른 채" "온 동네 개들이" 덩달아 짖어대는 것을 희화화한다. "진실"은 어디에서도 찾아볼 수 없고, 거리에서, 골목에서, 오직 거짓 폭로가 판을 치는 세상이다. 그녀는 "염치"나 "부끄러움" 없는 "도처에" 미쳐 날뛰는 개들의 부조리를 향해 일침을 가한다. 세상이 미쳐 돌아갈 때 STOP이라고 외치는 사람이 시인임을, 그녀의 양심은 말하고 있다.

객관적 상관물客觀的相關物

　객관적 상관물은 개인적 감정을 그대로 드러내는 것이 아니라 사물과 사건을 통해서 객관화 하려는 창작기법이다. 이 비평 이론은 T. S. 엘리엇에 의해 널리 알려졌다. 객관적 상관물은 다른 대상이나 정황에 빗대어 표현할 때, 그 대상을 가리킨다. 대표적으로 김소월「산유화」를 예로 들 수 있다. 홀로 외롭게 피고 지는 꽃을 통해 존재의 생멸과 근원적 고독감을 잘 표현했듯, 정춘자의「빈 의자」역시, 노년의 "깊은 외로움"을 멋지게 형상화하였다. 아파트 한쪽 구석에 버려진 '빈 의자'는, 현대 사회의 노인 문제와 오버랩되어 우리에게 화두처럼 다가온다.

　　한생을 함께했던 주인을 보내고
　　체온도 식지 않은 채
　　눈물 보이지 않으려
　　아파트 마당에 나와 있구나

주인의 따뜻한 체온이 그립고
정다운 목소리 들리는 듯
하루 종일 하늘만 쳐다보며
마른 눈물을 삼킨다

힘든 삶보다 깊은 외로움이
빈 의자 위에 내려앉는다
저녁별들도 내려앉는다

새 한 마리 잠시 앉았다 날아가면서
무심히 던지는 한마디

인생에 영원은 없다
만남의 끝은 어차피 이별이 아니더냐?
—「빈 의자」 전문

  사는 것은 고사하고 요즘 노인들의 이슈는, '어떻게 하면 잘 죽는가'이다. 죽음이 존재하는 동안, 실존은 늘상 삶을 불안하게 한다. 늙어 보지 않고는 빈 의자처럼 '버려진다는 의미'를 깊이 성찰할 여유가 없다. 죽어야지 죽어야지 하면서도, 생을 놓지 못하는 까닭은, 아직도 "따뜻한 체온"이 남아 있기 때문이다. 고령화로 인한 독거獨居의 삶은 피할 수 없는 현대인의 운명이 되었다. "인생에 영원은 없다" 하지만, 누구나 생의 애착은 끝이 없다. 생사는 모순으로 가득 찬 알레고리다. 미완성의 삶이기에 아이러니하게도, 더욱더

이승에 미련이 남는지도 모른다. 하얀 침대에 누워 골골하느니, 잠든 동안 저승으로 가면 좋으련만, 죽는 것이 어디 마음대로 되는 물건인가. 하여, 수많은 시인은 '객관적 상관물'에 자신의 늙고 병든 외로움을 비유의 시법으로 승화시켰나 보다.

나가는 말

앞에서도 말했듯이, 이번 정춘자 시집 『빈 의자』는, 잃어버린 기억과 추억에 대한 회한의 시다. 먼저 간 누이에 대한 애틋한 마음과 부모의 따스한 육친의 정은 그리움의 시로 재탄생된다. 한편, 현실에 대한 놀라운 직시와 부조리에 대한 성찰은, 풍자를 통해 통쾌하게 일갈한다. 그리고 미처 다루지 못한 먹먹한 가슴의 시편들은, 읽는 이로 하여금 감동과 여운을 준다. 「할머니의 조각보」는 비극적인 삶을 살다 간 한 여자의 일생을 떠올리게 한다. 조선 유교 사회의 '남성 중심주의'는 수많은 여인에게 그늘진 생을 살게 하였다. 버려진 여인의 삶이 "조각보"처럼 짠하다. 한편, 「물동이를 인 여인」은, 젊은 어머니의 생동감을 활기차게 그렸다. "물동이에 물 가득 담아 이고" 가는 여인의 모습은, 근대의 풍속을 아련하게 환기시킨다. "억척"같은 한국 여인들의 숭고한 아름다움을 멋지게 포착하였다. 시 「부음」은 매일매일

죽은 자를 위한 알림 공간인 "신문"을 통해, 죽은 후의 인간은 모두 평등함을 허허롭게 지적한다. 그리고 근래 보기 드문 사부곡 「아버지는 위대하시다」란 시는, 세상의 모든 아버지의 쓸쓸한 뒷모습에 박수를 보낸 위로의 시다. 끝으로 그녀가 세상 사람들을 향해, 미처 「전하지 못한 말」을 읊조리며 마칠까 한다.

오랜 세월 함께하면서
꼭 해야 할 말을
전하지 못하고 살았네

날마다 마주보며
"고맙소" "사랑하오"
이렇게 쉬운 말 한마디도 하지 못했네

떠나보낸 후에야
전하지 못한 말들이
가슴 가득 남아 있음을 알았네

퍼내지 못한 말들이
가슴 가득 고여 있어
밤마다 가슴이 아려 잠들 수 없구나

다음 세상에서 만나
못다한 말들 전할 수 있을까

말할 수 있을 때 아끼지 말고 전해야 했거늘

—「전하지 못한 말」 전문

  그녀의 말처럼 지금 이 순간은, 얼마나 기적 같은 삶인가! 우리가 이렇게 "날마다 마주보는" 것은 천지의 축복이다. 혹여, 독자여! 그 어떤 "퍼내지 못한 말들"이 "고여" 있거든, 곁에 있는 이에게 "고맙소" "사랑하오" 그렇게 불러 주시라. 그녀는 순수한 시안詩眼으로 세상 사람에게 귀한 말을 남기길 소망한다. 말이 있어 천지 만물은 그 뜻을 얻는다. 실경實景과 허경虛景을 얻는다. 우리 앞에 드러난 모든 것은 말로 인해, 기뻤다 슬펐다를 반복한다. 정춘자의 시 「전하지 못한 말」은, 짧은 인생길에서 '서로가 서로에게 상처의 말을 남기지 말아야 한다'는 지혜를 담고 있다. 아무리 이 세상이 춥다고 하여도, 별빛이 있는 한 우리의 사랑은 영혼을 울릴 것이다. 살다가 길을 잃고 흔들릴지라도, 우리 서로 "다음 세상에서 만나"도 부끄럽지 않는 말을 하자. 고통과 외로움에 헤매더라도, 노시인의 시구처럼 "아끼지 말고" 그리운 사람을 위해, 사랑의 말을 흠뻑 주어야 한다. 밤마다 시의 맨발로, 저 고독한 밤하늘 새벽 별을 향해 걸었을 그녀에게, 우리 큰 위로의 박수를 보내자. 그녀의 시는 노년에 이르러 걸림이 없는 무애無碍에 이르렀다. 그녀의 시는 천 가지 숙명에서 갈라져 나와 결국 하나로 돌아가는 귀일처歸一處를 얻었다. 무욕과 무소유의 어룽진 슬픈 곡선이 아름답기도 하다. 하여, 이번 정춘자 시집 『빈 의자』는, 근경과 원경을 통해 지상의 시간 속에서 초월의 길을 연, 여백의 서정 시집으로 규정된다.

정춘자 경상북도 영주시 풍기읍에서 태어났다. 영남대학교 국문학과 졸업 후 잠시 고등학교에 재직했다. 1985년《아동문학평론》으로 등단했다. 1990년 대구여성문인협회 창립 발기인이며 대구여성문인협회 회장을 지냈다. 대구문인협회 14대 부회장을 지냈고 현재 15대 부회장으로 있으며 대구예술상을 수상했다. 동시집 『햇살 꽃송이』(1985), 『엄마 눈동자 속에』(1990), 『연어들의 행진』(2005)과 시집 『한잔의 차를 마시며』(2017), 『당신 별은 어디 있나요』(2021, 대구지역 우수 출판 콘텐츠 제작 지원 사업에 선정)가 있다.
jcj2405@naver.com

정춘자 시집

빈 의자

ⓒ 정춘자, 2025

초판 1쇄 발행 2025년 5월 30일

지은이　정춘자
펴낸이　이은재
펴낸곳　도서출판 그루

출판등록 1983. 3. 26(제1-61호)
주소　　42452 대구광역시 남구 큰골 3길 30
전화　　053-253-7872
팩스　　053-257-7884
전자우편 guroo@guroo.co.kr

ISBN 978-89-8069-530-0 (03810)
*이 책은 저작권법에 의해 보호받는 저작물이므로 무단 전재와 무단 복제를 금하며 이 책 내용의 전부 또는 일부를 이용하시려면 반드시 저작권자와 도서출판 그루에 서면 동의를 받아야 합니다.
*잘못된 책은 구입하신 곳에서 바꿔 드립니다.
*책값은 뒤표지에 있습니다.